Impressum
Verlag: BABADADA GmbH, Nedderfeld 112 , 22529 Hamburg
Geschäftsführer / Verlagsleitung: Harald Hof
Druck: Books on Demand GmbH, In de Tarpen 42, 22848 Norderstedt

Imprint
Publisher: BABADADA GmbH, Nedderfeld 112 , 22529 Hamburg, Germany
Managing Director / Publishing direction: Harald Hof
Print: Books on Demand GmbH, In de Tarpen 42, 22848 Norderstedt, Germany

ቤት-ትምህርቲ

学校

ክፍሊ, ክላስ
教室
割り算
186/2
ሰሌዳ
黒板
መምህር
教師
ወረቐት
紙
書く
መጽሓፊ
ペン
ጣውላ ምጽሓፍ
事務机
定規
መጽሓፍ
本
ተመሃራይ
生徒

ሳንጣ ትምህርቲ

ランドセル

ስፈር ብርዒ

筆入れ

ርሳስ

鉛筆

መብልሒ ርሳስ

鉛筆削り

መደምሰሲ

消しゴム

ጥራዝ ስእሊ

スケッチブック

ስእሊ

スケッチ

ብርዒ ቀለም

絵筆

ቦክስ ቀለም

絵の具箱

መቐስ

はさみ

መጣበቒ

接着剤

ጥራዝ መላመዲ

練習帳

ዕዮ ገዛ

宿題

12

ቁጽሪ

数

2+2

ወሰኸ

足し算

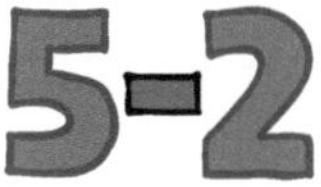

5-2

ጎደለ

引き算

2×2

ረብሐ

かけ算

ደመረ

計算する

A

ፊደል

文字

ABCDEFG
HIJKLMN
OPQRSTU
VWXYZ

ስርዓት ፊደላት

アルファベット

hello

ቃል

単語

ጽሑፍ

テキスト

ኣንበበ

読む

ኩርሽ

チョーク

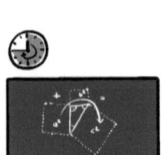

ሰዓት

授業

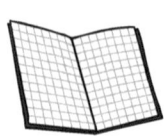

መዝገብ ክላስ

学級日誌

መርመራ

試験

ሰርቲፊኬት

通知表

ድቢዛ ቤትትምህርቲ

制服

ትምህርቲ

教育

ለክሲኮን

百科事典

ዩኒቨርሲቲ

大学

ሚክሮስኮፕ

顕微鏡

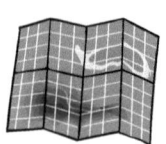

ካርታ

地図

ጎሓፍ ወረቐት

ごみ箱

ホテル
ሆስተል
ホステル
ቦታ ቅያር ገንዘብ
両替所
ባሊጃ
スーツケース
መኪና
自動車

ቋንቋ

言語

እወ / ኖ

はい / いいえ

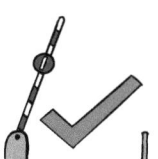

ሕራይ

問題ない

ሰላም

ハロー

ኣስተርጓሚ

翻訳者

የቐንየለይ

ありがとう

. . . ክንደይ ዋግኡ?

...はいくらですか？

ኣይተረድኣኹን

わかりません

ሽግር

問題

ሰላም ምሸት!

こんばんは！

ከመይ ሓዲርካ

おはようございます！

ሰላም ለይቲ

おやすみなさい！

ደሓን ኩን

さようなら

ኣንፈት

方向

ጉዓዝ

手荷物

ሳንጣ

バッグ

ሳንጣ ሕቖ

リュックサック

ጋሻ

お客様

ክፍሊ

部屋

ክሻ መደቀሲ

寝袋

ቴንዳ

テント

ሓበሬታ በጻሕቲ ሃገር

旅行者情報

ገምገም ባሕሪ

ビーチ

ክረዲት ካርድ

クレジットカード

ቁርሲ

朝食

ምሳሕ

昼食

ድራር

夕食

ቲከት

チケット

ሊፍት

エレベーター

ማሕተም ደብዳበ

スタンプ

ዶብ

境界

ድንና

税関

ኣምበሲ

大使館

ቪዛ

ビザ

ፓስፖርት

パスポート

መጓዓዝያ
輸送

ነፋሪት
飛行機
መርከብ
船
መኪና መጥፍኢ ሓዊ
消防車
አውቶቡስ
バス
ናይ ጽዕነት መኪና
トラック
ጀልባ ሞቶር
モーター
ボート
መኪና
自動車
ብሽግለታ
自転車

ፈሪ
フェリー

ጀልባ
ボート

ሞቶ
バイク

መኪና ፖሊስ
パトカー

መኪና ቅድድም
レーシングカー

ክራይ መኪና
レンタカー

ምውፋይ መካይን

カーシェアリング

መወሰዲ መኪና

レッカー車

መኪና ጎሓፍ

ごみ収集車

ሞቶር

モーター

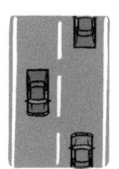

ነዳዲ

燃料

እንዳ ነዳዲ

ガソリンスタンド

ምልክት ትራፊክ

交通標識

ትራፊክ

交通

ምጭቕጫቕ ትራፊክ

渋滞

መዕሸጊ መኪና

駐車場

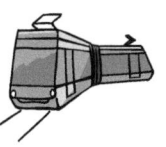

መዕረፊ ባቡር

駅

ሓዲድ

道

ባቡር

列車

ትረም

路面電車

ባጎኒ

車両

ሄሊኮፕተር

ヘリコプター

መዓረፊ ነፈርቲ

空港

ታወር

タワー

ተጐዓዚ

乗客

ኮንተይነር

コンテナ

ሳንዱቕ ካርቶን

段ボール箱

ኮርሳ ጽዕነት

カート

ዘንቢል

カゴ

ተበገሰ / ዓለበ

離陸 / 着陸

ከተማ

都市

ቍሸት

村

ማእከል ከተማ

都心

ገዛ

家

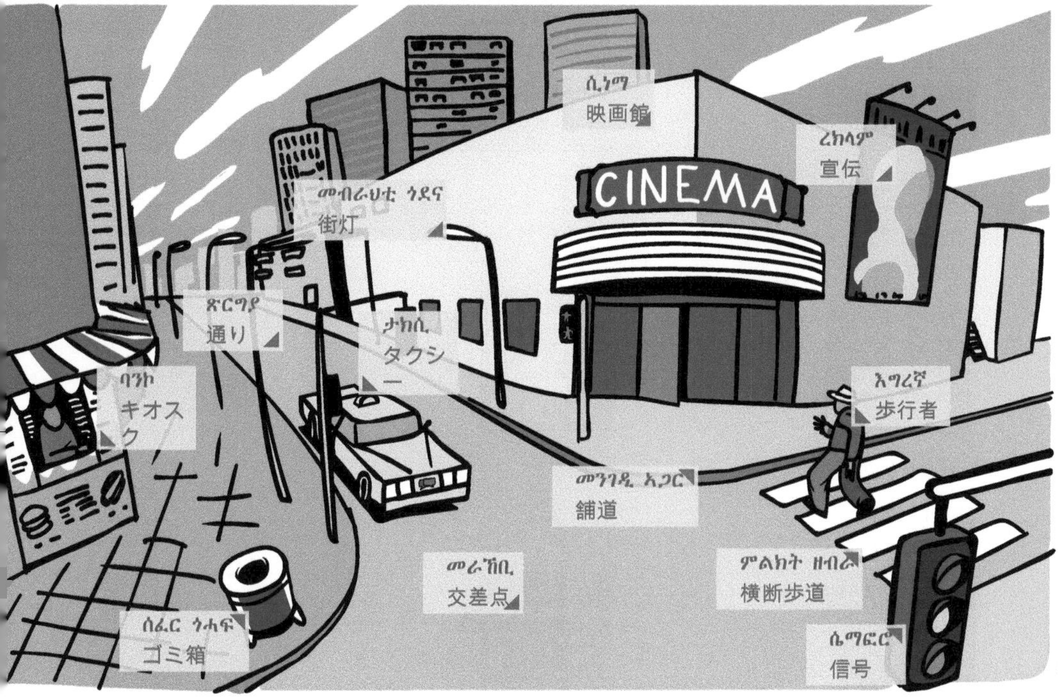
ሲነማ
映画館
CINEMA
ረክላም
宣伝
መብራህቲ ጎደና
街灯
ጽርግያ
通り
ታክሲ
タクシー
ባንኮ
キオスク
እግረኛ
歩行者
መንገዲ እጋር
舗道
መራኸቢ
交差点
ምልክት ዘብራ
横断歩道
ሰፈር ጎሓፍ
ゴミ箱
ሴማፎር
信号

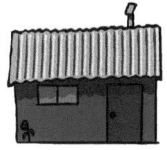

አጉዶ

小屋

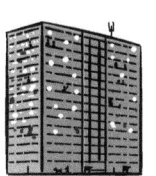

ኣፓርትመንት

アパート

መዕረፊ ባቡር

駅

ቤት ምምሕዳር

市役所

MUSEUM

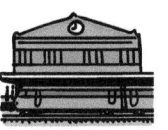

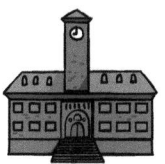

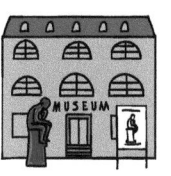

ቤተ መዘክር

美術館

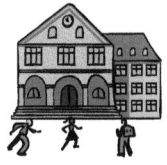

ቤት-ትምህርቲ

学校

ዩኒቨርሲቲ

大学

ባንክ

銀行

ሆስፒታል

病院

መቐበሊ ኣጋይሽ

ホテル

ቤት መድሃኒት

薬局

ቤት ጽሕፈት

オフィス

ዱኳን መጽሓፍቲ

書店

ዱኳን

ショップ

ዱኳን ዕንባባ

花屋

ሱፐርማርከት

スーパーマーケット

ዕዳጋ

市場

ሹቕ

デパート

ነጋዳይ ዓሳ

魚屋

ሹቕ

ショッピングセンター

መርሳ

港

መዘናግዒ

公園

ባንኪ

ベンチ

ድልድል

橋

መደያይቦ

階段

ባቡር ትሕቲ ምድሪ

地下鉄

ቢንቶ

トンネル

መዕረፊ ኣውቶቡስ

バス停

ቤት መስተ

バー

ቤት-መግቢ

レストラン

ሰታሪት

ポスト

ታቤላ

道路標識

ሰዓት ፓርኪንግ

パーキングメーター

መካነ እንስሳታት

動物園

መሓምበሲ

スイミングプール

መስጊድ

モスク

ቤት ሕርሻ

農場

ብክላ

汚染

መቃበር

墓地

ቤተክርስትያን

教会

ቦታ ምጽዋት

遊び場

ቤት መቅደስ

寺

ስእሊ መሬት

風景

አቝጽልቲ
葉

መሕበሪ መገዲ
道標

መገዲ
道

ጽኻ
草地

እምኒ
石

አግራብ
木

ኰብላሊ
ハイカー

ፈለግ
川

ሳዕሪ
草

ዕንባባ
花

ስንጭሮ

谷

ጎቦ

山

ቀላይ

湖

ዱር

森

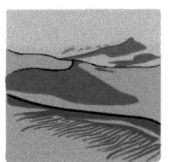

ምድረ በዳ

砂漠

እሳተ-ጎመራ

火山

ግምቢ

城

ቀስተ-ደመና

虹

ቃንጥሻ

キノコ

ዓርኮብኮባይ

ヤシの木

ጣንጡ

蚊

ሃመማ

ハエ

ጻጸ

蟻

ንህቢ

ミツバチ

ሳሬት

クモ

ሕንዚዝ

カブトムシ

ዕንቅርዖብ

蛙

ምጽጹላይ

リス

ቅንፍዝ

ハリネズミ

ማንቲለ

ウサギ

ጉንጓ

フクロウ

ጭሩ

鳥

ስዋን

白鳥

መፍለስ

雄豚

ዓጋዘን

鹿

ሙስ

ヘラジカ

ግድብ

ダム

ተርባይን ንፋስ

風力タービン

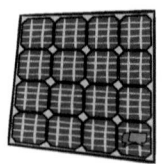

ሶላር ስርሓት

ソーラーパネル

ኩነታት ኣየር

気候

ቤት-መግቢ
レストラン

ካርታ መግብታት
メニュー
መንበር
椅子
スープ
ፒትሳ
ピザ
መመታተሪ
刃物類
ክዳን ጣውላ
テーブルクロス

ቅድመ ቀንዲ መግቢ

前菜

ቀንዲ መኣዲ

メインコース

ድሕረ መግቢ

デザート

መስተ

飲み物

መግቢ

食べ物

ጥርሙዝ

ボトル

ስሉጥ መግቢ

ファストフード

መግቢ ጽርግያ

屋台の食べ物

ብርጭቆ ሻሂ

ティーポット

ታኒካ ሽኮር

砂糖入れ

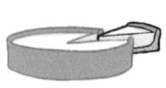

ክፋል

一人前

ማሺን ኤስፕረሶ

エスプレッソマシン

ነዊሕ መንበር

幼児用食事椅子

ጸብጻብ

請求書

ታብለት

トレー

ካራ

ナイフ

ፋርክታ

フォーク

ማንካ

スプーン

ማንካ ሻሂ

ティースプーン

ሰርቭየተ

ナプキン

ብኬሪ

グラス

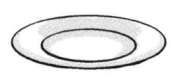

ሸሓኒ

皿

ሸሓኒ መረቕ

スープ皿

ትሕቲ ኩባያ

受け皿

ጸብሒ

ソース

ወሃቢ ጨው

塩入れ

መጥሓን በርበረ

ペッパーミル

ኣቸቶ

酢

ዘይቲ

油

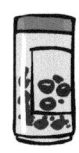

ቀመም

スパイス

ከቹፕ

ケチャップ

ኣድሪ

マスタード

ማዩኒዝ

マヨネーズ

ሱፐርማርኬት
スーパーマーケット

ወፈያ
特価品
顧客
ፍርያታት ጸባ
乳製品
ፍረታት
果物
ሰረገላ ዱኳን
ショッピング・カート

እንዳ ስጋ

肉屋

እንዳ ባኒ

パン屋

ክብደት

重さをはかる

ኣሕምልቲ

野菜

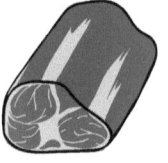

ስጋ

肉

መግቢ ፍሪጅ በረድ

冷凍食品

ዝሑል ቅሩብ መግቢ

冷肉の薄切り

እስቃጥላ

缶詰食品

ኣሞ

洗剤

ምቁር መግቢ

菓子

ዘቤታውያን ኣቕሑ

家庭用品

ናውቲ መጸረዪ

清掃用品

ሸቃጣይ

販売員

ካሳ

現金箱

ተሓዝ ገንዘብ

レジ係

ዝርዝር ምግዛእ

買い物リスト

ክፉት ሰዓታት

開館時刻

ማሕፉዳ

財布

ክረዲት ካርድ

クレジットカード

ሳንጣ

バッグ

ፌስታል

ポリ袋

ሱፐርማርክት - スーパーマーケット 21

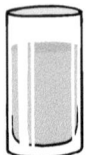

መስተ

飲み物

ማይ

水

ጽማቕ

ジュース

ጸባ

牛乳

ኮላ

コーラ

ነቢት

ワイン

ቢራ

ビール

ኣልኮል

アルコール

ካካው

ココア

ሻሂ

紅茶

ቡን

コーヒー

ኤስፐረሶ

エスプレッソ

ካፑቺኖ

カプチーノ

ባናና
バナナ

ቱፋሕ
リンゴ

ኣራንሺ
オレンジ

ብርጭቕ
メロン

ለሚን
レモン

ካሮት
ニンジン

ጻዕዳ ሽጉርቲ
ニンニク

ባምቡስ
竹

ሽጉርቲ
玉ねぎ

ቅንጥሻ
キノコ

ፉል
ナッツ

ፓስታ
ヌードル

ስፓገቲ
スパゲッティ

ሩዝ
米

ሰላጣ
サラダ

ቅልዋ ድንሽ
フライドポテト

ቅሉው ድንሽ
フライドポテト

ፒትሳ
ピザ

ሃምቡርገር
ハンバーガー

ፓኒኖ
サンドウィッチ

ቢስተካ
カツレツ

ሰለፍ ሓሰማ
ハム

ሳላሚ
サラミ

ግዕዝም
ソーセージ

ደርሆ
鶏肉

ቀለወ
焼き

ዓሳ
魚

ገዓት

麦のお粥

ሙስሊ

ムーズリ

ኮርንፍለይክስ

コーンフレーク

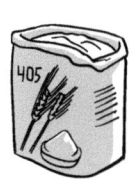

ሓርጭ

小麦粉

ክሮሶን

クロワッサン

ባኒ

ロールパン

ባኒ

パン

ቶስት

トースト

ብሽኮቲ

ビスケット

ጠስሚ

バター

ርግኦ

カッテージチーズ

ፓስተ

ケーキ

እንቋቑሖ

卵

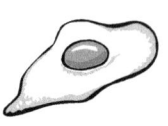

ቅሉው እንቋቑሖ

目玉焼き

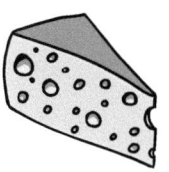

ፎርማጆ

チーズ

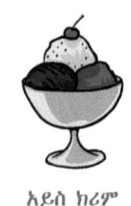

አይስ ክሪም

アイスクリーム

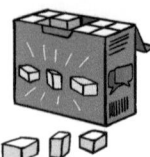

ሽኮር

砂糖

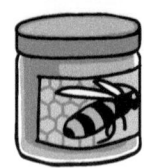

መዓር

はちみつ

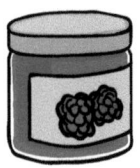

ጀም

ジャム

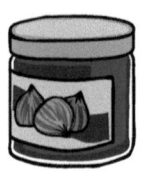

ኑጋት-ክረም

ヌガークリーム

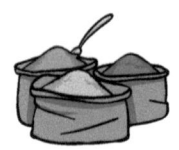

ኩሪ

カレー

ቤት ሕርሻ
農場

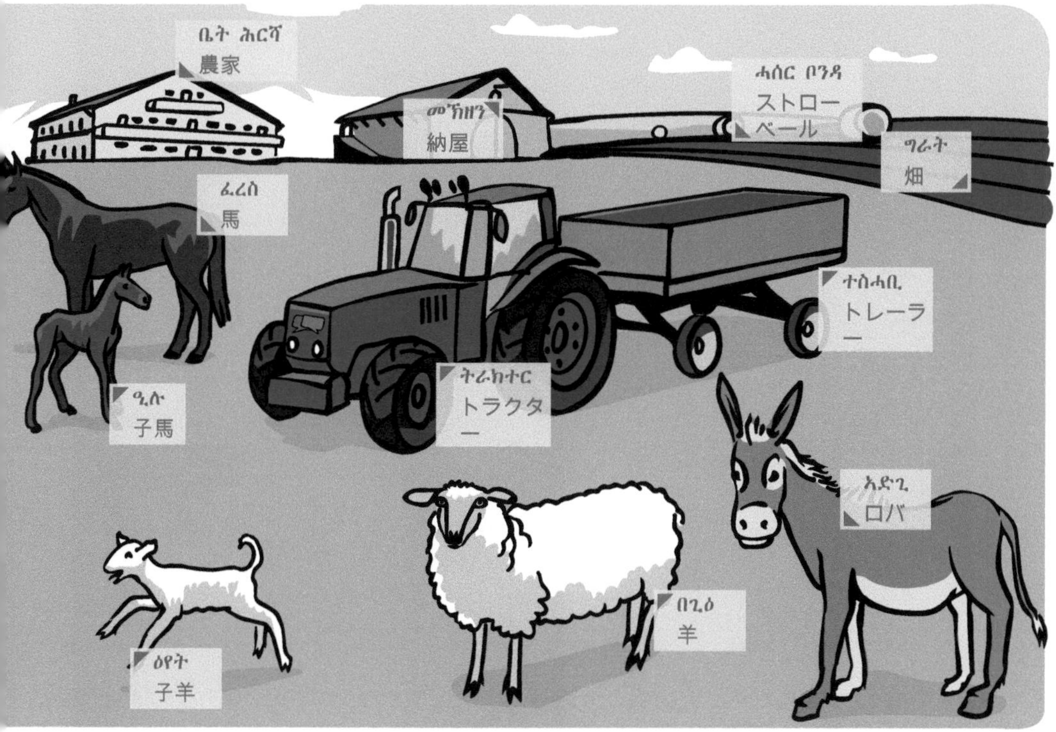

ቤት ሕርሻ
農家
መኽዘን
納屋
ሓሰር ቦንዳ
ストローベール
ግራት
畑
ፈረስ
馬
ተስሓቢ
トレーラー
ዒሉ
子馬
ትራክተር
トラクター
ኣድጊ
ロバ
በጊዕ
羊
ዕየት
子羊

ጤል

ヤギ

ብዕራይ

雌牛

ምራኽ

子牛

ሓሰማ

豚

ውላድ ሓሰማ

子豚

ኣርሓ

雄牛

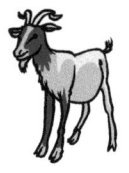

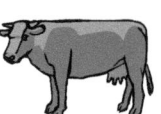

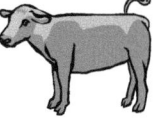

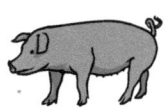

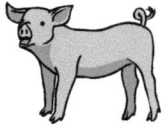

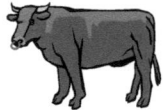

ዓዓ

ガチョウ

ማይ ደርሆ

アヒル

ጫቑት

ひよこ

ደርሆ

にわとり

ኣርሓ ደርሆ

おんどり

ኣንጨዋ ዓባይ

ネズミ

ድሙ

猫

ኣንጭዋ

ねずみ

ብዕራይ

雄牛

ከልቢ

犬

ኣጕዶ ከልቢ

犬小屋

ቱባ ጀርዲን

散水ホース

መዝፈፊ ማይ

じょうろ

ዓቢ ማዕጺድ

大鎌

ማሕረሻ

すき

ማዕጺድ
草刈り鎌

ጭኽሮ
くわ

መስአ
堆肥用フォーク

ፋስ
斧

ዓረብያ ኢድ
手押し車

ጋብላ
かいばおけ

ብርጭቆ ጸባ
牛乳缶

ክሻ
袋

ሓጹር
フェンス

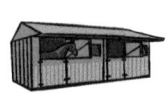

መንሰስ
畜舎

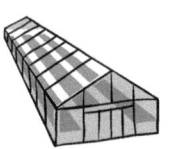

ቐጠልያ ገዛ
温室

ባይታ
土壌

ዘርኢ
種

ድኹዒ
肥料

ዘጣምር ቀውዓይ
コンバイン

ቀውዐ

収穫する

ጻማ

収穫

ድንሽ ያም

ヤマイモ

ስርናይ

小麦

ሶያ

大豆

ድንሽ

じゃがいも

ዕፉን

トウモロコシ

ራፕስ

菜種

ገረብ ፍረታት

果樹

ማኒኦክ

キャッサバ

ኣእኻል

穀物

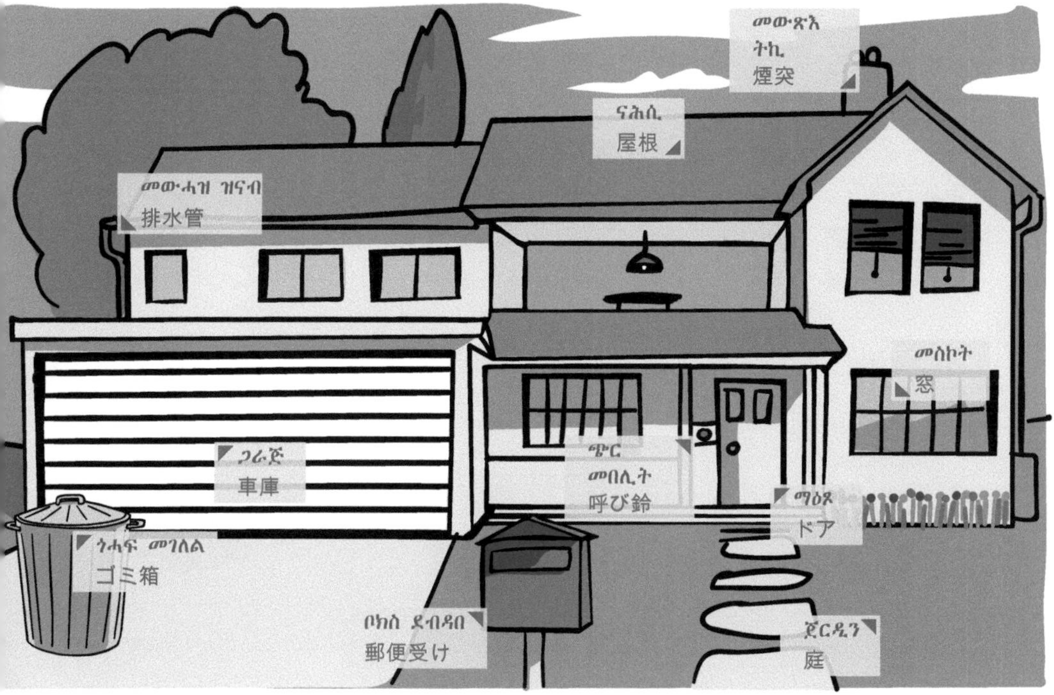

መውጽእ ትኪ
煙突
ናሕሲ
屋根
መውሓዝ ዝናብ
排水管
መስኮት
窓
ጋራጅ
車庫
ጭር መበሊት
呼び鈴
ማዕጾ
ドア
ጎሓፍ መገለል
ゴミ箱
ቦክስ ደብዳበ
郵便受け
庭

ክፍሊ ምቕማጥ

リビングルーム

ክፍሊ ባንዮ

浴室

ክሽነ

台所

ክፍሊ መደቀሲ

寝室

ክፍሊ ቆልዑ

子供部屋

መመገቢ ክፍሊ

ダイニング・ルーム

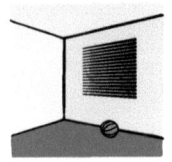

ባይታ

床

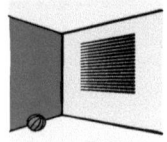

መንደቕ

壁

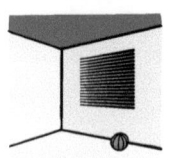

ከቦርታ

天井

ካንቲና

地下貯蔵庫

ሳውና

サウナ

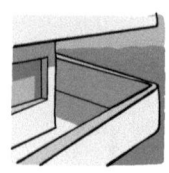

ባልኮን

バルコニー

ዛላ

テラス

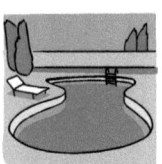

መሕምበሲ

プール

መቑረጺ ሳዕሪ

芝刈り機

ኣንሶላ ዓራት

シーツ

ከቦርታ ዓራት

ベッドカバー

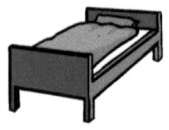

ዓራት

ベッド

መኾስተር

ほうき

መገለል

バケツ

መወልዒት

スイッチ

ክፍሊ ምቕማጥ

リビングルーム

ወረቐት መንደቕ
壁紙
ስእሊ
絵
ላምፓ
ከብሒ
棚
ከብሒ
食器棚
ተለቪዥን
テレビ
መውጽኢ ትኪ ኣብ ገዛ
暖炉
ዕንባባ
花
መተርኣስ
クッション
ሳሎን
ソファ
ባዞ
花瓶
ሪሞት
リモコン

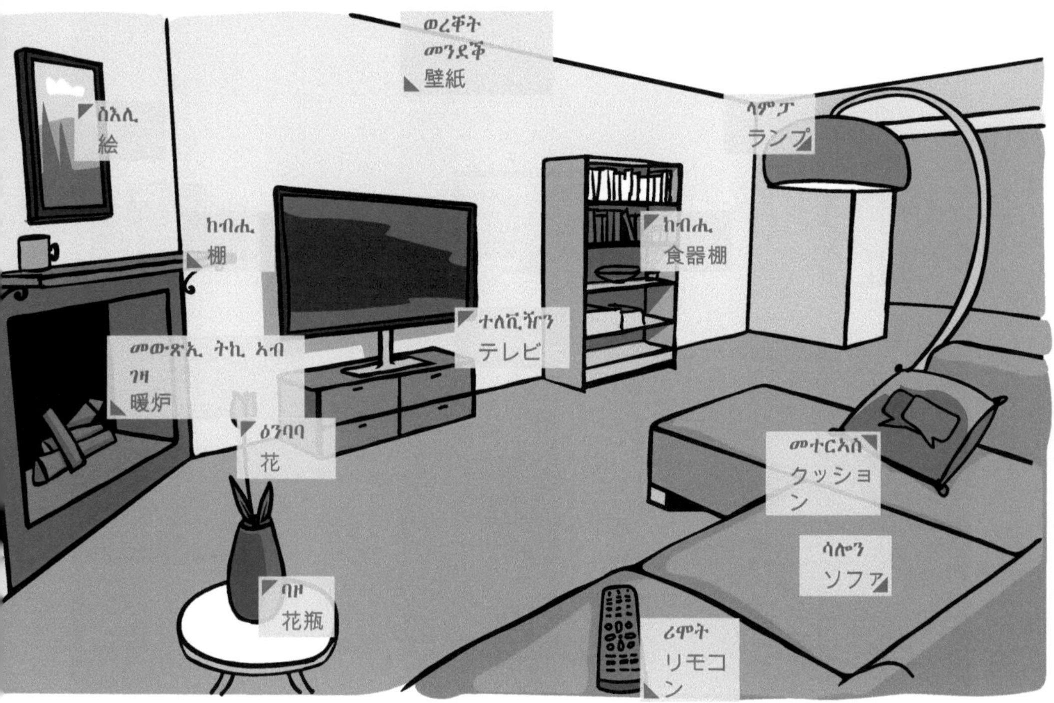

መንጸፍ

カーペット

መጋረጃ

カーテン

ጣውላ

テーブル

መንበር

椅子

ሰለል ዝብል መንበር

ロッキングチェア

መንበር ምቹእ

ひじ掛け椅子

መጽሓፍ

本

ከቦርታ

毛布

ስልማት

飾り

እንጨይቲ ሓዊ

たきぎ

ፊልም

映画

ስተረዮ

ステレオ

መፍትሕ

鍵

ጋዜጣ

新聞

ቕብኣ

絵画

ፖስተር

ポスター

ረድዮ

ラジオ

ጥራዝ

メモ帳

መልገሲ ደሮና

掃除機

በለስ

サボテン

ሽምዓ

ろうそく

ክሽነ
台所

መዝሓሊ
冷蔵庫
ሚክሮቨላ
電子レンジ
調理用はかり
ቶስተር
トースター
መጽረዪ
洗剤
እቶን
オーブン
መዝሓሊ በረድ
冷凍室
ጉሓፍ መገለሊ
ゴミ箱
መጽረዪ ኣቕሑ መግቢ
食器洗い機

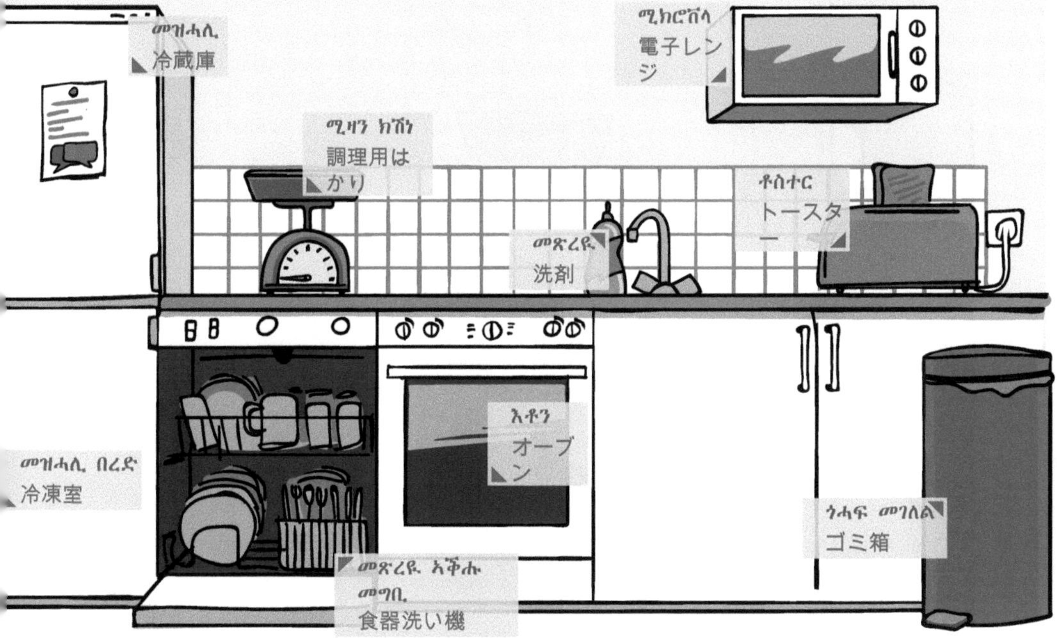

መኽሸኒ

こんろ

ድስቲ

鍋

ድስቲ ሓጺን

鉄鍋

ቮክ/ካዳይ

中華鍋/ カダイ鍋

ባደላ

フライパン

መውዓዪ ማይ

やかん

መፍልሒ

蒸し器

ጓንቴራ ምስንካት

天板

ኣቑሑ መግቢ

食器

ብርጭቆ

マグカップ

ጭሕሎ

ボウル

ማንካቺና

箸

ማንካ መረቕ

おたま

መገልበጢ ባደላ

へら

መኾስተር ውርጪ

泡立て器

መንፊት መግቢ

こし器

መንፊት

ふるい

መፋሕፍሒ

すりおろし器

ሞርታር

すり鉢

ባርቢክዩ

バーベキュー

ስፍራ ሓዊ

かまど

እንጨይቲ ምምታር

まな板

እንጨይቲ ኰረር

麺棒

መኽፈት ቡሽ

栓抜き

ታኒካ

缶

መኽፈቲ ታኒካ

缶切り

ጨርቂ ድስቲ

鍋つかみ

ቡምባ

流し

ኣስባስላ

ブラシ

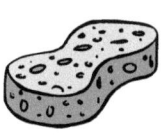

ሰፍነግ

スポンジ

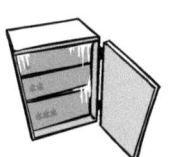

ሓዋሲ ኣደባላቒ

ミキサー

መዝሓሊ በረድ

冷凍庫

ጥርሙዝ ማማይ

哺乳瓶

ቡምባ ማይ

蛇口

ክፍሊ ባንዮ

浴室

ヒーター
ሽጎማኖ
タオル
መሕጸቢ ሻወር
シャワー
ሻወር መጋረጃ
シャワーカーテン
መሕጸቢ ዓፍራ
泡風呂
ብኬሪ
洗濯機
ቡምባ ማይ
蛇口
タイル
ድስቲ
おまる
ቡምባ
流し

ሽቓቕ

トイレ

ሽቓቕ ኮፍ

和式トイレ

በዱ

ビデ

ሽቃቕ ተባዕታይ

小便器

ወረቐት ሽቓቕ

トイレットペーパー

ኣስባስላ ሽቓቕ

トイレブラシ

ኣስባስላ ስኒ

歯ブラシ

ክረማ ስኒ

歯みがき

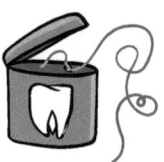

ሃሪ ስኒ

デンタルフロス

ሓጸበ

洗う

ዱሽ ኢድ

シャワーヘッド

ዱሽ

ハンドビデ

ብርጭቆ ምሕጻብ

洗面台

ኣስባስላ ሕቖ

ボディブラシ

ሳምና

石鹸

ሻወር ጀል

シャワー用ジェル

ሻምፑ

シャンプー

ጨርቂ መሕጸቢ

浴用タオル

መውሓዚ

排水口

ክረማ

クリーム

ደዮ ጨና

消臭

መስትያት

鏡

ናይ ኢድ መስትያት

手鏡

መላጸ

かみそり

ዓፍራ ምልጻይ

シェービング・フォーム

ጨና ድሕሪ ምልጻይ

アフターシェーブローション

መመሸጥ

櫛

ኣስባስላ

ブラシ

መንቐጺ ጸጉሪ

ドライヤー

ስፕረይ ጸጉሪ

ヘアスプレー

መመላኽዒ

化粧

ብርዒ ቀለም ከንፈር

口紅

ኣዝማልቶ

マニキュア

ጸምሪ ጡጥ

脱脂綿

መስደዲ ጽፍሪ

爪切り

ጨና

香水

ሳንጣ መሕጸቢ

洗面用具入れ

ድኳ

スツール

ሚዛን

体重計

ክዳን መሕጸቢ

バスローブ

ጓንቲ መጽረዪ

ゴム手袋

ታምፖን

タンポン

ጩርቂ ሰበይቲ

生理用ナプキン

ሽቓቕ ከሚስትሪ

ケミカルトイレ

ክፍሊ ቆልዑ

子供部屋

ኣላርም መተስኢ
目覚まし時計
መጻወቲ እንስሳ
ぬいぐるみ
መጻወቲ መኪና
おもちゃの自動車
がらがら
ቤት ባምቡ
ドール・ハウス
ህያብ
プレゼント

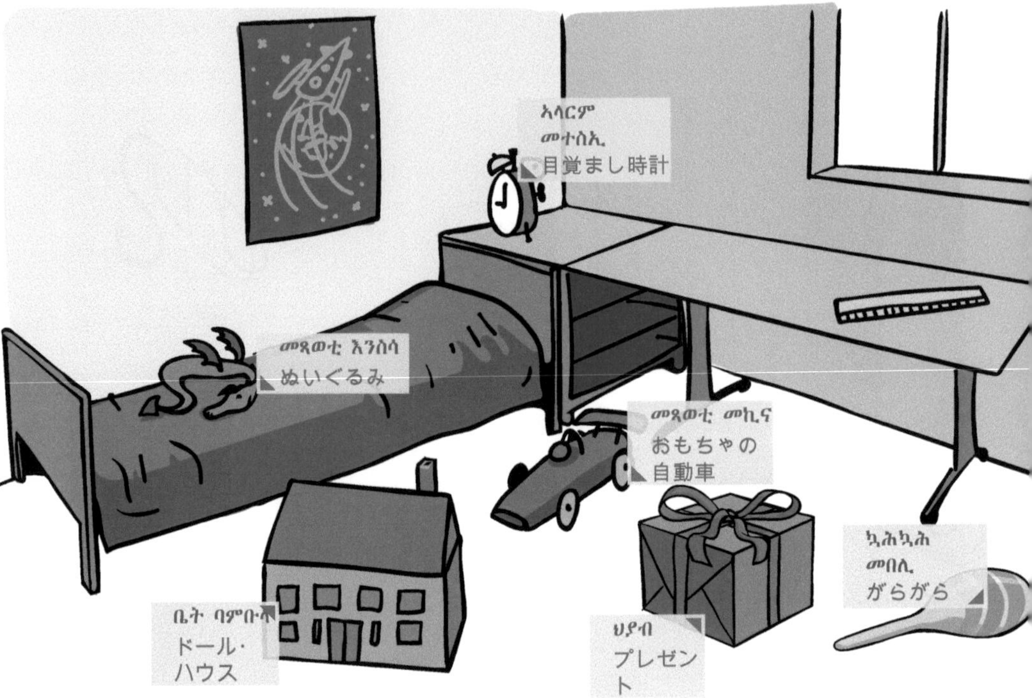

ባላንችና

風船

ዓራት

ベッド

ሰረገላ ህጻን

ベビーカー

ጸወታ ካርታ

カードゲーム

ሕንቅሊተይ

ジグソーパズル

ኮሜዲ

漫画

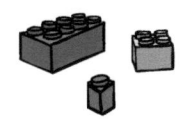

እምንታት መጻወቲ ለጎ

レゴ

መጻወቲ እምንታት

玩具ブロック

በዓል አክቾን

アクションフィギュア

ክዳን ማማይ

ロンパース

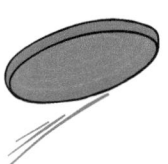

ፍሪስቢ

フリスビー

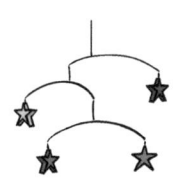

ሞባይል ማማይ

モバイル

ጸወታ ሰሌዳ

ボードゲーム

ኩቦ

さいころ

ሞደል ባቡር ምድሪ

鉄道模型

ዓባስ

おしゃぶり

ፓርቲ

パーティー

መጽሓፍ ስእሊ

絵本

ኩዕሶ

ボール

ባምቡላ

人形

ተጻወተ

遊ぶ

መጻወቲ ሑጻ

砂場

ሰላል

ブランコ

መጻወቲታት

おもちゃ

ኮንሶል ቪድዮ

ゲーム機

መጻወቲ ሰለስተ መንኮርኮር

三輪車

ተዲ

テディベア

ከብሒ ክዳን

衣装ダンス

ክዳን

衣服

ካልስታት

靴下

ነዊሕ ካልስታት

ストッキング

ስረ ካልሲ

タイツ

ሻርበ
スカーフ

ጽላል
雨傘

ማልያ
Tシャツ

ቁልፊ
ベルト

ስኒከርስ
スニーカー

ረፋዕ
ブーツ

ጫማ ገዛ
スリッパ

ሻበጥ
....
サンダル

ጫማ
....
靴

ረፋዕ ጎማ
....
ゴム長靴

ሙታንታ
....
パンツ

ከዳን ጡብ
....
ブラ

ትሕተ ካሚቻ
....
ベスト

ቦዲ

ボディースーツ

ስረ

ズボン

ጂንስ

ジーンズ

ቀምሽ

スカート

ካምቻ

ブラウス

ካሚቻ

シャツ

ጉልፎ

セーター

ጎልፎ

パーカー

ጃኬት

ブレザー

ጃከት

ジャケット

ጁባ

コート

ክዳን ዝናብ

レインコート

ኮስቱም

服装

ቀምሽ

ドレス

ቀምሽ መርዓ

ウェディングドレス

ልብሲ

スーツ

ካሚቻ ለይቲ

ナイトガウン

ክዳን ለይቲ

パジャマ

ሳሪ

サリー

መሃረብ ርእሲ

ヘッドスカーフ

ቱርባን

ターバン

ቡርካ

ブルカ

ካፍታን

カフタン

ኣባያ

アバヤ

ክዳን መሕምበሲ

水着

ስረ መሕምበሲ

トランクス

ሓጺር ስረ

半ズボン

ክዳን ታዕሊም

スウェットスーツ

በጃ ክዳን

エプロン

ጓንቲ

手袋

መልጎም

ボタン

መነጽር

メガネ

በንናጅር

ブレスレット

ማዕተብ

ネックレス

ቀለበት

指輪

ኩትሻ

イヤリング

ቆብዕ

帽子

መንበሪ ጁባ

ハンガー

ባርኔጣ

帽子

ካርራቫት

ネクタイ

ሻርነጣ

ファスナー

ሀልመት

ヘルメット

መድልደል ስረ

サスペンダー

ድቢዛ ቤትትምህርቲ

制服

ድቢዛ

ユニフォーム

ሰደርያ ቆልዓ

よだれかけ

ዓባስ

おしゃぶり

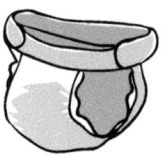

ጨርቂ ማማይ

おむつ

ቤት ጽሕፈት

オフィス

サーバ
ክብሒ ሰነድ
書類キャビネット
ፕሪንተር
プリンター
紙
モニター
事務机
フォルダー
ኪቦርድ
キーボード
ጎሓፍ ወረቐት
ごみ箱
ኮምፒተር
コンピューター
መንበር
椅子

ብርጭቆ ቡን

コーヒーマグ

ካልኩለተር

計算機

ኢንተርነት

インターネット

ለፕቶፕ

ラップトップ

ደብዳበ

手紙

መልእኽቲ

メッセージ

ሞባይል

携帯電話

ነትወርክ/መርበብ

ネットワーク

መቅድሒ ፎቶኮፒ

コピー機

ሶፍትዌር

ソフトウェア

ተለፎን

電話

ሶከት ኳረንቲ

コンセント

ፋክስ

ファックス

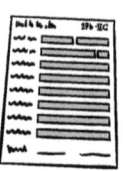

ፎርም

フォーム

ሰነድ

書類

ገዝአ
....
買う

ከፈለ
....
支払う

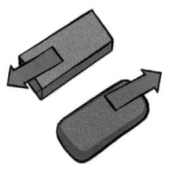

ንግዱ
....
取引する

ገንዘብ
....
お金

ዶላር
....
ドル

ኦይሮ
....
ユーロ

የን
....
円

ሩብል
....
ルーブル

ስዊዝ ፍራንክን
....
スイスフラン

ረንሚንቢ, ዩዋን
....
人民元

ሩፕየ
....
ルピー

መውጽኢ, ማሺን ገንዘብ
....
キャッシュポイント

ቦታ ቅያር ገንዘብ

両替所

ወርቂ

金

ብሩር

銀

ዘይቲ

油

ሓይሊ

エネルギー

ዋጋ

価格

ውዕል

契約

ቀረጽ

税金

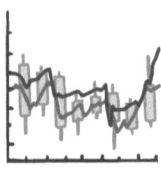

እኩብ ጥረ-ነገራት

株

ሰርሐ

働く

ሰራሕተኛ

従業員

ኣስራሒ

雇用主

ትካል

工場

ዱካን

ショップ

በዓል ፖሊስ
警察官

መጠፈኢ ሓዊ
消防士

ከሻኒ
コック

ሓኪም
医師

መራሒ ነፋሪት
バイロット

ሰራሕተኛ ጀርዲን
庭師

ጸራቢ ዕንጸይቲ
大工

ሰፋይት
お針子

ፈራዳይ
裁判官

ቀመሚ
化学者

ተዋሳኢ
俳優

መራሒ ኣዉቶቡስ

バスの運転手

ኣውቲስታ ታክሲ

タクシー運転手

ገፋፊ ዓሳ

漁師

ጸራጊት

掃除婦

ሃናጻይ ናሕሲ

屋根ふき職人

ኣሰላፊ

ウェイター

ሃዳናይ

ハンター

ሰኣላይ

塗装工

እንዳ ሕብስቲ

パン屋

ኤለትሪክኛ

電気工

ሃናጺ ኣባይቲ

建設作業員

ሃንዳሲ

エンジニア

ሰራሕተኛ እንዳ ስጋ

肉屋

ድራብሊኮ

配管工

ኣማላላሲ ፖስጣ

郵便配達人

ወተሃደር
軍人

መሃንድስ
建築家

ተሓዝ ገንዘብ
レジ係

ሰራሕተኛ ዕምባባ
花屋

ቀምቃማይ
美容師

ፈተሪኖ
車掌

መካኒክ
機械工

መራሒ መርከብ
キャプテン

ሓኪም ስኒ
歯科医

ተመራማሪ
科学者

ራቢ
ラビ

ኢማም
イスラム導師

ፈላሲ
修道士

ቀሺ
牧師

ናውቲ

道具

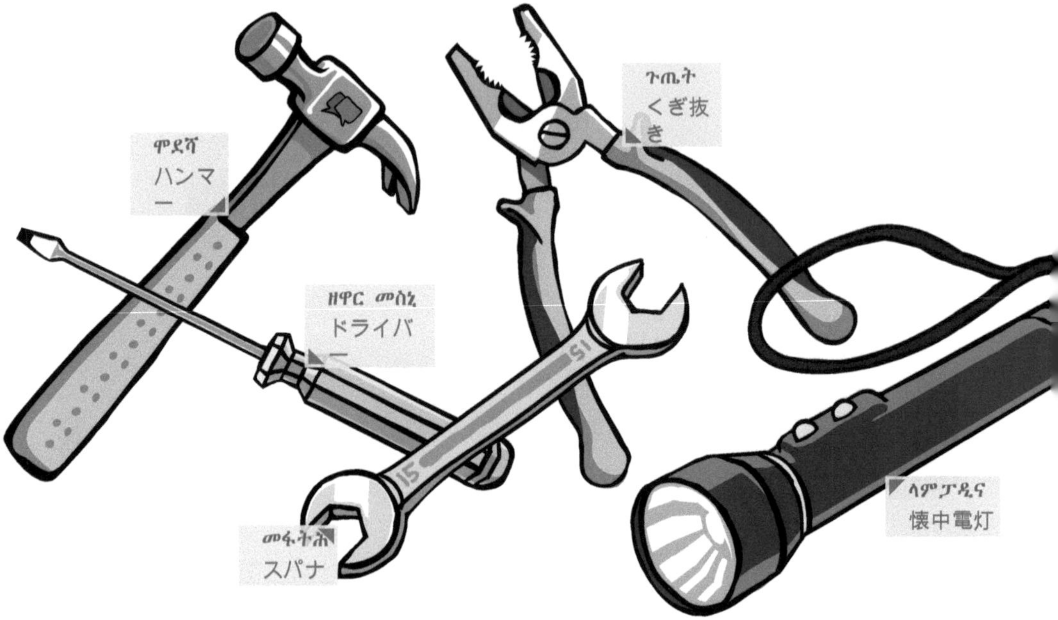

መዶሻ
ハンマー
ጉጤት
くぎ抜き
ዘዋር መስኒ
ドライバー
መፋትሕ
スパナ
ላምፓዲና
懐中電灯

ፈሓሪ

掘削機

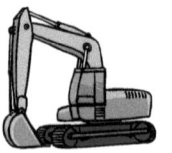

ናውቲ ቦክስ

道具箱

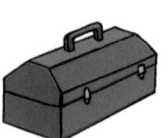

መደያይቦ

はしご

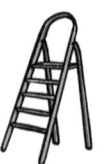

መጋዝ

のこぎり

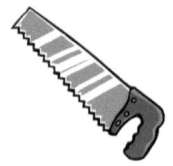

መስማር

釘

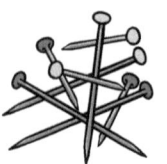

ኩዓቲ

ドリル

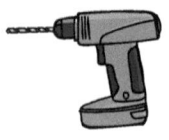

ምዕራይ

修理する

ባደላ

シャベル

ኣይ!

クソ！

መትሓዚ ዶሮና

ちりとり

ድስቲ ቀለም

ペンキ缶

ካቻቢተ

ネジ

መሳርሒ ሙዚቃ
楽器

እስፒከር
スピーカー
ጊታር
ギター
コントラバス
トランペット

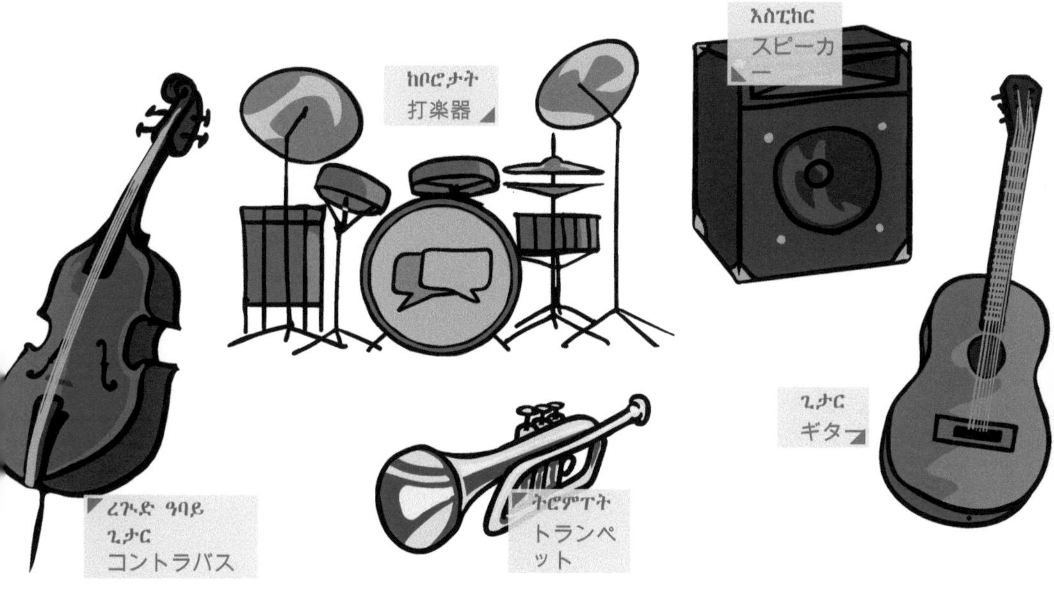

ፒያኖ

ピアノ

ቪዮሊን

バイオリン

ባስ ጊታር

バス

ቲምፓኒ

ティンパニ

ከቦሮ

ドラム

ኦርጋን

キーボード

ሳክሶፎን

サックス

ሻምብቆ

フルート

ሚክሮፎን

マイクロフォン

ZOO

ም.እ.ዋ
入口

ነብር
虎

ግዞ. የ
おり

አድጊ በረኻ
シマウマ

መኖ, እንስሳ
飼料

ፓንዳ
パンダ

እንስሳታት
動物

ሓርማዝ
象

ካንጋሩ
カンガルー

ሓሪሽ
サイ

ጉሪላ
ゴリラ

ድቢ
熊

ገመል

ラクダ

ሰገን

ダチョウ

ኣንበሳ

ライオン

ህበይ

猿

ፍላሚንጎ

フラミンゴ

ሕንጻይ

オウム

ድቢ በረድ

白クマ

ፐንጉን

ペンギン

ከልቢ ዓሳ

サメ

ጣውስ

クジャク

ተመን

蛇

ሓርገጽ

ワニ

ሓላዊ ቤት ገርድሽ

飼育係

ዓሳ ዚምገብ እንስሳ ባሕሪ

アザラシ

ጃጓር

ジャガー

ሓጺር ፈረስ

ポニー

ነብሪ

ヒョウ

ጉማረ

カバ

ጂራፍ

キリン

ሊላ

鷲

መፍለስ

雄豚

ዓሳ

魚

ጎብየ

亀

ዋልሩስ

セイウチ

ወኻርያ

狐

ሰስሓ

ガゼル

ስፖርት

スポーツ

アメフト
ምዝዋር ብሽግለታ
サイクリング
ተኒስ
ባስከትባል
バスケットボール
ምሕምባስ
水泳
ቦክሲንግ
ボクシング
ሆኪ በረድ
アイスホッケー

ኲዕሶ እግሪ

サッカー

ባድሚንቶን

バドミントン

እስፖርታዊ ንጥፈታት

陸上競技

ኲዕሶ ኢድ

ハンドボール

ስኪ

スキー

ፖሎ

ポロ

ነጠረ
跳ぶ

ሐቀፈ
抱きしめる

ሰሐቐ
笑う

ከደ
歩く

ደረፈ
歌う

ጸለየ
祈る

ሰዓመ
キス

ሐለመ
夢見る

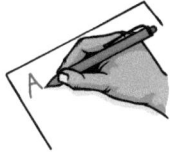

ጸሐፈ
....
書く

ሰኣለ
....
描く

ኣርኣየ
....
示す

ደፍአ
....
押す

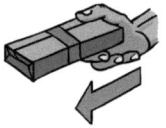

ሃበ
....
与える

ወሰደ
....
取る

ኣለወ

持っている

ገበረ

する

ኮነ

ある

ጠጠው በለ

立つ

ጎየየ

走る

ሰሓበ

引く

ሰንደወ

投げる

ወደቐ

落ちる

ሓሰወ

横たわっている

ተጸበየ

待つ

ሰከም

運ぶ

ኮፍ በለ

座る

ተኸድነ

着る

ደቀሰ

眠る

ተሰአ

目が覚める

ረኣየ

見る

በኸየ

泣く

ብኣጻብዑ ደረዘ

なでる

መሸጠ

櫛ですく

ተዛረበ

話す

ተረድአ

理解する

ሓተተ

質問する

ሰምዐ

聞く

ሰተየ

飲む

በልዐ

食べる

ኣቕመጠ

片づける

ኣፍቀረ

愛する

ከሸነ

料理する

ዘወረ

運転する

ነፈረ

飛ぶ

ብመርከብ ገየሸ

ヨットに乗る

ደመረ

計算する

ኣንበበ

読む

ተመሃረ

学ぶ

ሰርሐ

働く

መርዓወ

結婚する

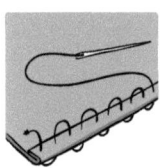

ሰፈየ

縫う

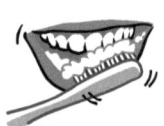

ጽሬት ኣስናን

歯を磨く

ቀተለ

殺す

ሽጋራ ተከኽ

喫煙する

ሰደደ

送る

ጋሻ

お客様

ሓትኖ

おば

ኣኮ

おじ

ሓው

兄弟

ሓፍቲ

姉妹

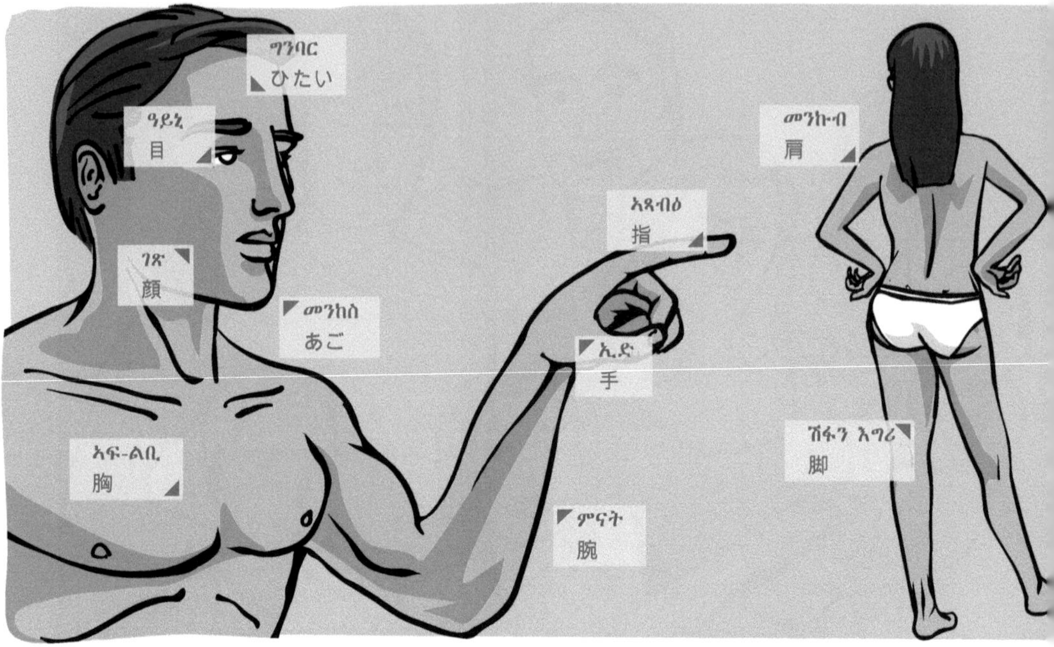

ግንባር
ひたい

ዓይኒ
目

ገጽ
顔

መንኮብ
肩

አጻብዕ
指

መንከስ
あご

አእዳ
手

አፍ-ልቢ
胸

ሽፋን እግሪ
脚

ምናት
腕

ማማይ
赤ん坊

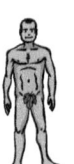

ሰብአይ
男性

ሰበይቲ
女性

ጓል
少女

ወዲ
少年

ርእሲ
頭

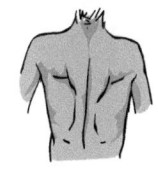

ሕቖ

背中

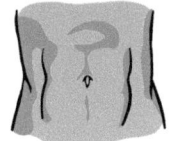

ከስዐ

腹

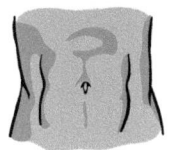

ሕምብርቲ

へそ

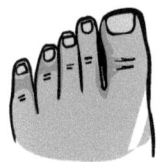

ኣጻብዕ እግሪ

足指

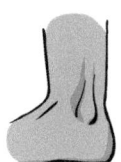

ኩርኹረ

かかと

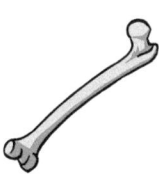

ዓጽሚ

骨

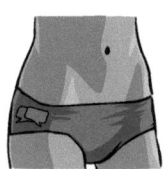

ምሕኩልቲ

腰

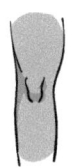

ብርኪ

ひざ

ፎግፎጐ

ひじ

ኣፍንጫ

鼻

መዓኮር

尻

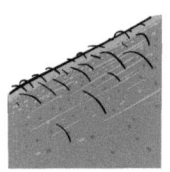

ቆርበት

皮膚

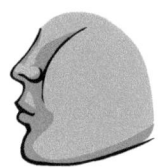

ምዕጉርቲ

頬

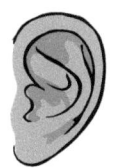

እዝኒ

耳

ከንፈር

唇

አፍ

口

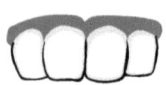

ስኒ

歯

መልሓስ

舌

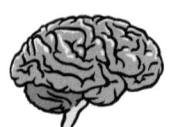

ሓንጎል

脳

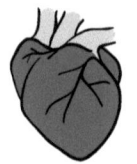

ልቢ

心臓

ጭዋዳ

筋肉

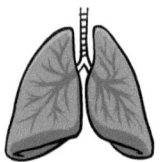

ሳንቡእ

肺

ጸላም ከብዲ

肝臓

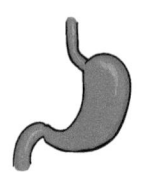

ከብዲ

胃

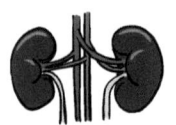

ኩሊት

腎臓

ግብረ ስጋ

セックス

ኮንዶም

コンドーム

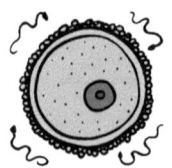

እንቋቑሖ

卵細胞

ዘርኢ ተባዕታይ

精液

ጥንሲ

妊娠

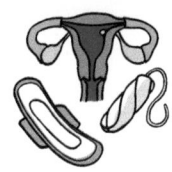

ጽግያት
月経

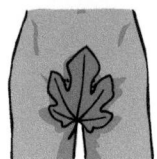

ርሕሚ
膣

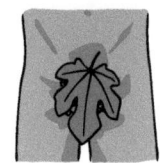

መትሎ
ペニス

ሽፋሽፍቲ
眉

ጸግሪ
髪

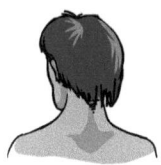

ክሳድ
首

ሆስፒታል
病院

መኪና ኣምቡላንስ
救急車
መንበር ዓረብያ
車椅子
骨折

ሓኪም

医師

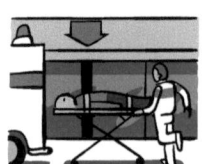

ክፍሊ ህጹጽ ረድኤት

救急治療室

ኣላይት

看護師

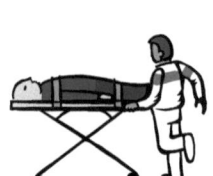

ህጹጽ ኩነት

救急

ውነኡ ዘጥፍአ

失神

ቃንዛ

痛み

ጉድኣት

けが

ደም

出血

ማህረምቲ

心臓発作

ማህረምቲ

脳卒中

ኣለርጂ

アレルギー

ሰዓል

咳

ረስኒ

熱

ኢንፍልወንዛ

インフルエンザ

ውጽኣት

下痢

ቃንዛ ርእሲ

頭痛

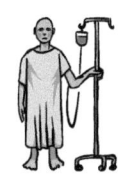

መንሽሮ

癌

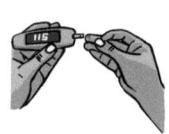

ሹኮርያ

糖尿病

ሓኪም መጥባሕቲ

外科医

መጥብሒ

外科用メス

መጥባሕቲ

手術

CT

CT

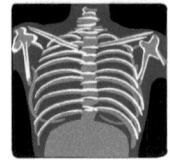

ራጂ

レントゲン

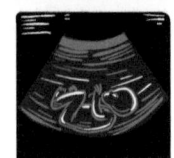

ልዕለ ድምጻዊ

超音波

መሸፈኒ ገጽ

マスク

ሕማም

病気

ክፍሊ ምጽባይ

待合室

ምርኩስ

松葉づえ

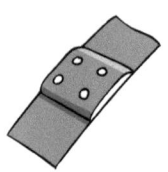

መጀነኒ ቑስሊ

ばんそうこう

መጀነኒ

包帯

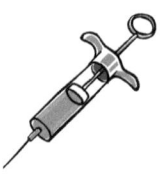

መርፍዕ ምውጋእ

注射

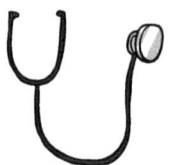

ስተቶስኮፕ

聴診器

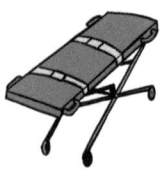

መሰከሚ ሕማም

担架

ቴርሞመተር

体温計

ትውልዲ

出産

ልዕለ-ሚዛን

肥満

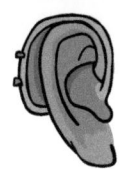

ሓገዝ ምስማዕ

補聴器

ኣንጻሂ

消毒剤

ልበዳ

感染

ቫይረስ

ウイルス

ኤድስ

HIV / エイズ

ሕክምና

内服薬

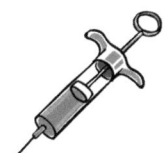

ክታበ

予防接種

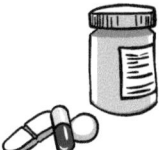

ከኒና

錠剤

ከኒና

ピル

ህጹጽ ምድዋል

緊急電話

መዕቀኒ ጸቕጢ ደም

血圧計

ሕሙም / ጥዑይ

病気の / 健康な

ህጹጽ ኩነት

救急

ሓገዝ

助けて！

ኣላርም

アラーム

ምህጃም

暴行

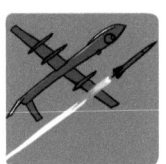

መጥቃዕቲ

攻撃

ድንገት

危険

ህጹጽ መውጽኢ

非常口

ሓዊ!

火事だ！

መጥፍኢ ሓዊ

消火器

ሓደጋ

事故

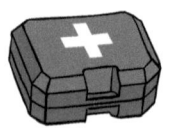

ሳንጣ ቀዳማይ ረድኤት

救急箱

SOS

SOS

ፖሊስ

警察

ኤውሮጳ

ヨーロッパ

ሰሜን ኣመሪካ

北米

ደቡብ ኣመሪካ

南米

ኣፍሪቃ

アフリカ

ኤስያ

アジア

ኣውስትራልያ

オーストラリア

ኣትላንቲክ

大西洋

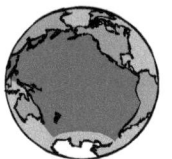

ፓሲፊክ

太平洋

ህንዳዊ ውቕያኖስ

インド洋

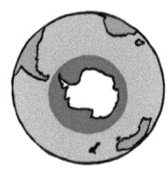

ኣንታርቲካዊ ውቕያኖስ

南極海

ኣርክቲካዊ ውቕያኖስ

北極海

ሰሜናዊ ዋልታ

北極

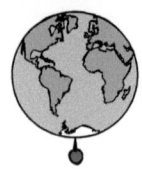

ደቡባዊ ዋልታ

南極

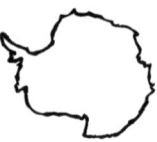

ኣንታርቲካ

南極大陸

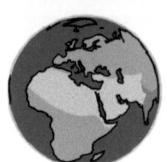

ምድሪ

地球

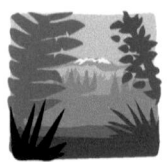

መሬት

陸

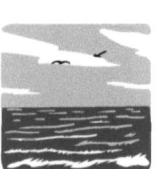

ባሕሪ

海

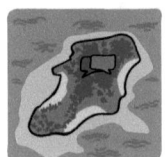

ደሴት

島

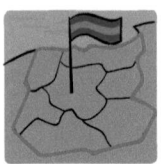

ሃገር

国家

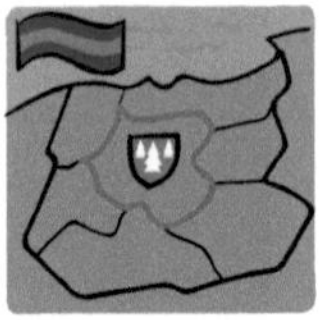

ዓዲ

国家

ሰዓት
時計

ገጽ ሰዓት

文字盤

ኣመልካቲ ሰዓታት

短針

ኣመልካቲ ደቓይቕ

長針

ኣመልካቲ ካልኢት

秒針

ሰዓት ክንደይ ኣሎ?

何時ですか？

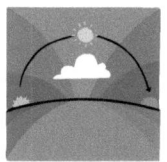

መዓልቲ

日

ግዜ

時間

ሕጂ

現在

ዲጂታል ሰዓት

デジタル時計

ደቒቕ

分

ሰዓት

時間

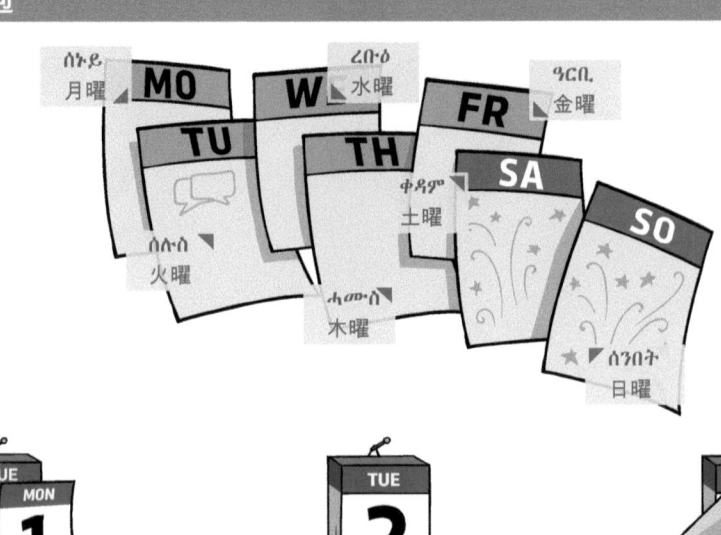

ትማሊ.

昨日

ሎሚ

今日

ጽባሕ

明日

ንጎሆ

朝

ቀትሪ

昼

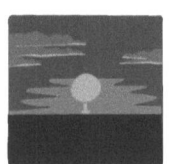

ምሸት

夜

MO	TU	WE	TH	FR	SA	SU
1	2	3	4	5	6	7
8	9	10	11	12	13	14
15	16	17	18	19	20	21
22	23	24	25	26	27	28
29	30	31	1	2	3	4

መዓልታት ስራሕ

営業日

MO	TU	WE	TH	FR	SA	SU
1	2	3	4	5	6	7
8	9	10	11	12	13	14
15	16	17	18	19	20	21
22	23	24	25	26	27	28
29	30	31	1	2	3	4

መወዳእታ ሰሙን

週末

ዓመት

年

ዝናብ
雨
ቀስተ-ደመና
虹
ንፋስ
風
በረድ
雪
春
ሓጋይ
夏
ቀውዒ
秋
ክረምቲ
冬

4.APRIL 11°
5.APRIL 4°
6.APRIL 13°
7.APRIL 8°
8.APRIL 10°

ትንቢት ኩነታት ኣየር

天気予報

ቴርሞመተር

温度計

ብርሃን ጸሓይ

日差し

ደበና

雲

ግመ

霧

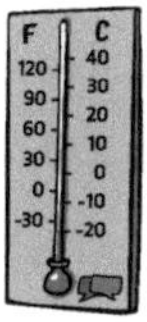

ጠሊ

湿度

ብርቂ

雷

ነጐዳ

雷

ህቦብላ

嵐

በረድ

ひょう

ብርቱዕ ህቦብላ

季節風

ውሕጅ

洪水

በረድ

氷

ጥሪ

1月

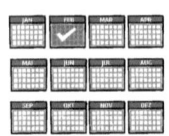

ለካቲት

2月

መጋቢት

3月

ሚያዝያ

4月

ጉንበት

5月

ሰነ

6月

ሓምለ

7月

ነሓሰ

8月

82 ዓመት - 年

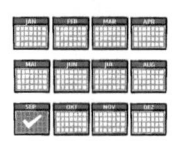

መስከረም

9月

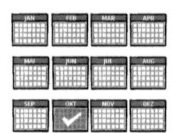

ጥቅምቲ

10月

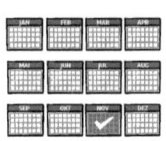

ሕዳር

11月

ታሕሳስ

12月

ቅርጽታት

形

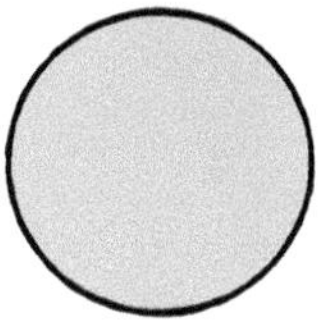

ዙርያ

円

ትርብዒት

正方形

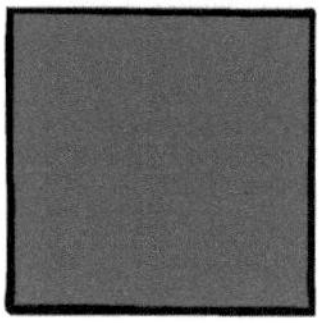

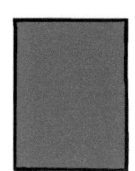

ቅኑዕ ርቡዕ ኩርናዕ

長方形

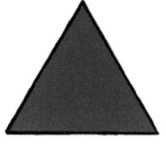

ስሉስ ኩርናዕ

三角

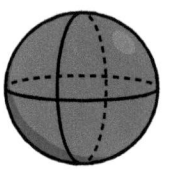

ክቢ

球

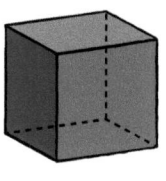

ኩቦ

立方体

ሕብርታት

色

ጻዕዳ

白

ብጫ

黄

ኣራንሺ

オレンジ

ፒንክ

ピンク

ቀይሕ

赤

ጁኽ

紫

ሰማያዊ

青

ቀጠልያ

緑

ቡናዊ

茶

ሓሙኽሽታይ

灰色

ጸሊም

黒

ብዙሕ / ውሑድ

多い / 少ない

ሕሩቕ / ሰላማዊ

怒っている /
落ち着いている

ጽቡቕ / ክፉእ

美しい / 醜い

መጀመርያ / መወዳእታ

初め / 終わり

ዓቢ / ንእሽቶ

大きい / 小さい

ብሩህ / ጸልማት

明るい / 暗い

ሓው / ሓፍት

兄弟 / 姉妹

ጽሩይ / ርሳሕ

清潔な / 汚い

ምሉእ / ዘይምሉእ

完全な / 不完全な

መዓልቲ / ለይቲ

日中 / 夜

ሙዉት / ህልው

死んだ / 生きている

ሰፊሕ / ጸቢብ

幅広い / 狭い

ደስ ዘበል / ደስ ዘይብል

食べられる /
食べられない

እኩይ / ህያዋይ

悪意のある / 親切な

ርቡጽ / ስልኩይ

興奮している /
退屈している

ረጊድ / ቀጢን

太った / 痩せた

ቀዳማይ / ናይ መወዳእታ

最初に / 最後に

ዓርኪ / ጸላኢ

友人 / 敵

ምሉእ / ባዶ

いっぱいの / 空の

ተሪር / ልስሉስ

硬い / 柔らかい

ከቢድ / ፈኲስ

重い / 軽い

ጥምየት / ጽምየት

空腹 / 喉の渇き

ሕሙም / ጥዑይ

病気の / 健康な

ዘይሕጋዊ / ሕጋዊ

違法な / 合法な

መስተውዓሊ / ስዱ

賢い / 愚かな

ጸጋም / የማን

左に / 右に

ቐረባ / ርሑቕ

近い / 遠い

ሓዲሽ / ብሉይ

新しい / 中古の

ዋላ ሓደ / ገለ

何もない / 何かある

ዓቢ/ኣረጊት / መንእሰይ

老いた / 若い

ወልዕ / ኣጥፍእ

オン / オフ

ክፉት / ዕጹው

開いている /
閉まっている

ህዱእ / ዓው

静かな / うるさい

ሃብታም / ድኻ

裕福な / 貧乏な

ቅኑዕ / ግጉይ

正しい /間違っている

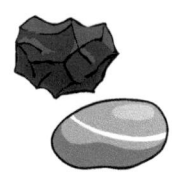

ሓርፋፍ / ልሙጽ

粗い / なめらか

ጉሁይ / ሕጉስ

悲しい / 幸せな

ሓጺር / ነዊሕ

短い / 長い

ቀስ / ቅልጡፍ

ゆっくり / 速い

ጥሉል / ንቑጽ

濡れた / 乾いた

ምዉቕ / ዝሑል

温かい / 冷たい

ውግእ / ሰላም

戦争 / 平和

ቁጽርታት

数

0

ዜሮ

ゼロ

1

ሓደ

1

2

ክልተ

2

3

ሰለስተ

3

4

ኣርባዕተ

4

5

ሓሙሽተ

5

6

ሽዱሽተ

6

7

ሸውዓተ

7

8

ሸሞንተ

8

9

ትሽዓተ

9

10

ዓሰርተ

10

11

ዓሰርተ ሓደ

11

12
ዓሰርተ ክልተ
·············
12

13
ዓሰርተ ሰለስተ
·············
13

14
ዓሰርተ ኣርባዕተ
·············
14

15
ዓሰርተ ሓሙሽተ
·············
15

16
ዓሰርተ ሽዱሽተ
·············
16

17
ዓሰርተ ሸውዓተ
·············
17

18
ዓሰርተ ሸሞንተ
·············
18

19
ዓሰርተ ትሽዓተ
·············
19

20
ዕስራ
·············
20

100
ሚእቲ
·············
100

1.000
ሽሕ
·············
1000

1.000.000
ሚልዮን
·············
100万

ቋንቋታት

言語

እንግሊዝኛ

英語

አሜሪካዊ እንግሊዛዊ

アメリカ英語

ቻይናዊ ማንዳሪን

中国標準語

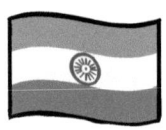

ሂንዳዊ

ヒンディー語

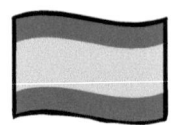

እስጳኛዊ

スペイン語

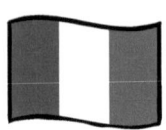

ፈረንሳዊ

フランス語

ዓረባዊ

アラビア語

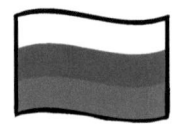

ሩሲያዊ

ロシア語

ፖርቱጋላዊ

ポルトガル語

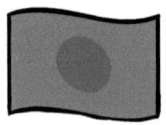

በንጋሊ

ベンガル語

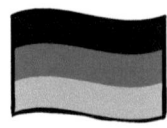

ጀርመናዊ

ドイツ語

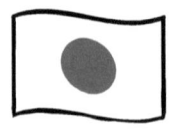

ጃፓናዊ

日本語

መን / እንታይ / ከመይ

誰 / 何 / どう

ኣነ

私

ንስኻ/ኺ

あなた

ንሱ / ንሳ / ንሱ

彼 / 彼女 / それ

ንሕና

私たち

ንስኻ

あなたたち

ንሳቶም

彼ら

መን?

誰？

እንታይ?

何？

ከመይ?

どうやって？

ኣበይ?

どこ？

መዓስ?

いつ？

ሽም

名前

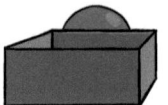

አበይ
どこ

ድሕሪ

後ろ

ኣብ

中

ኣብ ቅድሚ

前

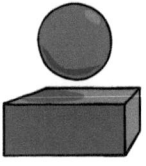

ኣብ ላዕሊ

上

ኣብ ልዕሊ

上

ትሕቲ ምድሪ

下

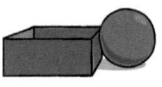

ኣብ ጥቓ

横

ኣብ መንጎ

間

ቦታ

場所